선로 위 라이브 가수

선로 위 라이브 가수

정경해 시집

문학의전당

自 序

설익은 감 하나 열렸다

푸릇푸릇한 바람의 입김

노릇노릇한 햇살의 손길

넉넉한 심성의 빗물

고집스럽던 땡볕에게

감,

얼굴을 붉히며 감사한다

차례

1부 새들이 그곳에 가는 이유

2부 떠난 자리

3부 목격자를 찾습니다

1부 : 새들이 그곳에 가는 이유

시작詩作

드디어
장작개비 패듯 마지막 종이 울렸다
세상을 향해 열었던 촉수를 거둬들인다
작은 입을 오물거리던
큰 입으로 악을 쓰던
촉수를 늘였다 줄였다 귀기울였던
모두가 둥글다던 세상
세상의 등 너머가 궁금해서
핏발을 세운 채 잠을 이룰 수 없었던 나날들
밤마다 퍼즐처럼 시간을 기워가며
나팔 소리를 꿈꾸었지만
부지런한 마라토너가 끊어버린 테이프 뒤로
이 빠진 안테나 툭 떨어지고
붉은 해보다 일찍 잠이 깬 조간신문 위에서
문학공모 당선자 배턴을 치켜들고 하얀 이를 반짝였다
기다림은 그렇게 저물어가고
온몸은 절망이라는 화농으로 깊게 패었지만
나는 다시 시작을 준비하고 있다

어떤 하루

전쟁을 하러 집을 나선다. 식구들의 눈망울을 방패에 달고. 낮게 내려앉은 하늘은 금방이라도 검은 울음을 토할 듯 그렁거린다. 전쟁터에 물어다 줄 버스가 오기도 전에 투둑 툭, 눈물방울을 떨어뜨리는 하늘. 용사의 표정으로 덤프트럭 한 대 핏줄을 울컥대며 귀찮은 듯 나뭇가지 손목을 댕강댕강 자르며 지나고. 집 잃은 잎새들 쉰 목소리 지르며 몸을 누인다. 식어가는 거리 위에서 투구가 없음을 걱정한다. 달리는 버스 안, 코미디 황제 이주일의 죽음을 아나운서 삼투압 정수기 목소리로 낭송한다. 한 세상을 웃음 속에서 유영했으니 행복한 삶이었다. 잘 가라. 반지하 막사 전세금을 올려달라던 주인의 붉은 웃음이 유리창에 고지서로 매달린다. 가판대 위 270억이라는 고딕 글자체 밑 당당한 모습의 노인 하나 앉아 있다. 빈손으로 떠난 위대함보다 끝자리 두어 개면 몇몇에게 주먹웃음을 줄 수 있음에 아쉽다.

어깨가 부러지고 팔이 잘린 시계바늘들 고지에 누워 뒹굴던 어떤 하루

퀵서비스맨 5층까지 달리다

햇살, 안개그물 걷어내는 아침
빠르게 세상을 배달한다
엘리베이터가 없는 가난한 5층 건물
한 덩이의 인쇄물을 가슴에 안고 계단을 오른다

1층 '신비의 씨앗 언제나 젊은 피부'
씨앗을 먹은 나는 힘이 솟는다 피부가 탱탱해진다
발에 밟힌 광고 속의 씨앗들이 뿌리를 내린다
잎이 무성한 나무가 열매를 토해낸다
고객에게 희망의 주술을, 서비스로

2층 '(주)유니온 닥터 I.G.Y'
영양제 비싼 걸로, 한 대 맞으니 힘이 솟는다
피톨이 바쁘게 회전한다 더욱 굵어지는 힘줄들
심장이 가속을 내며 달리기 시작한다
통통한 영양제 한 병 추가

3층 '엘트엘라 건강식품'
야자수 그늘을 드리운 해변이 아니라도 좋다
이국의 하늘, 땅, 내음을 먹는다

오, 놀라워라 다리가 더욱 단단해진다
이국 땅을 한 걸음에 닿는다 갈매기가 손짓한다
바다 모래가 온몸을 날려 반긴다
항공티켓을 한 장 살짝 얹어서 (오 고객이여!)

4층 '유니온 유황 옻 오리'
유황을 먹은 오리가 얌전히 누워
나의 손길을 기다린다
부드러운 속살, 푸른 알을 낳는다
오리가 비지땀을 흘린다
자궁이 튼튼한 오리도 한 마리 얹어

5층 '미추홀 아트센터'
풍악이 울린다 대금과 해금이 몸을 섞는다
장고가 춤을 춘다 나도 빙빙 돈다
신비의 씨앗이 바람의 손끝을 잡는다
울컥울컥 토할 때마다 살찐 영양제 알이 흩어진다
건강식품이 입덧을 한다
푸른 알들이 유황오리 뱃속에서 알집을 만든다
풍악이 엉덩이를 걷어찬다

목구멍으로 헉헉 갈매기가 나온다
모래가 부서져 내린다

'건강한 삶을 위한 2006 국악대잔치'
내려앉은 인쇄뭉치 눈을 치켜뜨며
쓴웃음 짓는다 창가로 가 하늘을 본다
시커멓게 멍든 하늘, 우울하게 엎드려 있다
도로 위 자동차들 가쁜 숨을 그렁대고
검은 수의를 입고 하늘로 날아가는 연기들

퀵서비스맨, 세상을 향하여 싱긋 코웃음 치며
오토바이 시동을 힘껏 당긴다

낙엽

노숙자들이 몸을 웅크리고 있다
마른 비듬을 떨어뜨리며
이따금 버석대는 몸을 비비며 돌아눕는다
죽은 듯 잠을 청하는 누런 얼굴에
지워지지 않는 실핏줄 길들이
깊은 주름으로 자리잡고 있다

한때는 단단한 땅의 허리를 잡고
구름을 향해 키를 높인 적도 있었다
이슬 젖은 아침의 눈을 닦아주며
싱싱한 수다로 하루를 시작했고
기대 오는 햇살을 안으며
세상을 온몸으로 찬미하던 나날도 있었지만
시간의 복병에게는 기다림이 없다는 것을 알지 못했다

노숙자들은
거리를 배회하다 바람에 뺨을 맞기도 하고
자리싸움을 하며 서로를 밀어내다
나뒹굴기도 한다
시름처럼 밤은 깊어가고

바람결에 날아온 몇 장의 신문지
노숙자 얼굴 위에 앉는다
사진 속 대통령이
집값 안정을 외치며 활짝 웃고 있다

선로 위 라이브 가수

그가
무대 위로 오르자
조명이 발을 헛디딘 척 움찔움찔
낯빛을 바꾸었고
관객 몇은
그믐달 눈을 끔벅이며
간고등어로 누워버린다
킬킬대며 바람난 문자를 전송하던
또 몇몇은
웅얼대는 휴대폰 주둥이를 눌러버리고
책 속에 엎드린 활자 목덜미를 황급히 잡아당긴다

그가 그곳에서 노래를 한 지
서너 달이라고도 하고 몇 해라고도 했지만
그의 레퍼토리는 달동네 전파상 지정곡 같아
해 지난 달력처럼 눈길 주는 이 없고
고개 돌린 관객들의 무관심만 흐른다

금방이라도 선로 위로 뛰어내릴 것 같은 목소리로
광막한 황야를 달리는 인생*을 노래하며

그가 내민 바구니에는
하품에 절은 동전 몇 개가
그가 달릴 황야가 끝나지 않았음을 말하며
반쯤 감긴 눈으로 누워 있다

드문드문 감자알 같은 관객들이
종착지인 인천역을 뒤로 한 채 어딘가를 향해 떠나자
라이브 가수 마지막 공연을 접고
우두커니 서서 하늘을 바라본다

글썽이는 별들,
동전을 세고 있다

*윤심덕의 '사의 찬미' 가사 일부분.

서울 아파트

서울 아파트 110동 707호
그 여자의 집 창문 커튼은
밤이나 낮이나 드리워져 있다

왜 그런지 나는
그 여자의 집 커튼이 젖혀지길 기다린다

오늘도 햇살은
그 여자의 집안을 엿보려다 잔디밭으로
미끄러져버렸고
때론 상처만 입고 나뒹굴기도 했다

달빛도 그랬다
도무지 빛이라곤 새지 않는 그 집이 궁금해
고혹적인 빛으로 유혹도 해보지만
드리워진 커튼은 걷힐 줄을 몰랐다

어느 날
그 여자의 집을 바라보니
창문마다 드리워진 커튼이 걷혀져

햇살들이 구경꾼처럼 몰려 들어가고 있었다

오랜만에 그 여자의 모습을 볼 수 있게 된 나는
키가 높아졌다

그러나
그 여자의 모습은 어디에서도 볼 수가 없었다
햇살의 붉은 눈과 처진 어깨뿐

그날,
그녀의 집 커튼이 걷히던 날부터
내 방 창가에는 커튼이 슬금슬금 드리워졌고
또 다른 누군가가 111동 907호 나의 집을 궁금해 할 것이다

연습 1

부슬부슬 비가 내리고 있었어 가끔 질주하는 자동차 불빛이 숨어있는 어둠을 훔쳐보고 사라져 갔지 쉴 곳이 필요했어 골목 저편 어딘가의 가느다란 리듬이 팔을 당겼어 〈노래자랑 대회〉 허름한 문짝의 콧잔등이에 진하게 붙어 있더군 문을 여는 순간 몰려든 연기들 뒤로 무대(?) 그래 무대 위의 어떤 사람이 열창을 하고 있었어 사회자는 떠들었지 이 대회를 우습게 보지 마라 사람들은 박수를 쳤어 그들의 얼굴에는 열기가 어렸어 누군가 접수를 하래 마알간 소주가 흔들리고 있었지 나는 노래를 했어 목구멍으로 터져 나오는 뱃속의 오물들을 감추고 싶지 않았어 왜? 나는…… 동전이 없었기 때문이야

우승컵에 소주를 부어 나눠주었지 비틀대며 나온 거리는 추웠어 자동차 불빛이 날름 나를 핥더군 한 손에 든 우승컵이 웃었어 사회자가 말했지? 이 대회를 우습게 보지 말라? 난 쓰레기통을 향해 우승컵을 던졌어 그 대회를 우습게 생각하려고

지금 나는 궁금해 오늘 세상살이가 어땠는지

귀가

아침에 그는 잘 다녀오마 대문을 나섰다
가벼운 입맞춤이 행복을 충전해 주었고
돌아선 발걸음은 경쾌해 보였다

—한낮의 햇살은 비명을 질렀고 숨을 헐떡이게 했다
　삼성대리점 선풍기는 습관처럼 돌아가고

아파트 창문들이 빛을 분사하며 소란함을
부추길 즈음 넥타이를 늘어뜨린 그가 돌아왔다
소리를 죽인 대신 철조망을 두르고 왔다
온몸에

납빛 같은 얼굴로 잠든 그의 머리맡 옷걸이에는
성긴 철조망 외투가 걸려 있었다

창문을 열면 방이 넓어질까요?

내 방이 너무 작아 넓히기로 했습니다
먼지, 비듬처럼 무게도 없으면서
자리를 차지하고는 흩어지면 엉키어
숨막히게 하는
더러운 것들을 털어버리려면
창문을 활짝 열어 놓아야겠습니다

검은 커튼 뒤의 세상은 밝기도 하군요
잠깐 그 여자의 피부 같은 눈부심에
당황도 하지만
까불거리던 몇 움큼의 햇살들이
제 방을 툭툭 치며
장난을 걸어오고 그 여자의 콧소리 같은 바람이
손짓을 합니다. 아…그녀… 제겐 꿈이었습니다

창문만 열면 내 방에 공간에 기생하던 그것들이
사라져 방이 넓어질 줄 알았습니다

밝은 혼돈 속에 정신이 아찔할 때
온갖 추한 것들이

창문을 통해 바람과 함께 묻어왔습니다
그 속에는 아무나 보고 짖어대는 것이 충성인 줄 아는
옆집 쫑의 똥개다운 권위 섞인 소리도 있었습니다

방은 새로운 것들의 출현으로 더욱 좁아졌지요
아무래도 창문을 닫아야겠습니다

욕심을 버리지 못했음을 고백합니다
다 · 시 · 는 · 창 · 문 · 을 · 열 · 지 · 않 · 겠 · 습 · 니 · 다.

이웃

입을 꾹 다문 하늘이
눈마저 감아버린 하루
주인의 손길 잃은 베란다에
낙엽이 구른다

드디어 하늘은 구물구물
눈곱 떼듯 흰 눈을 떨어뜨리고
아주 잠깐 자신의 존재를 확인시킨다

남들은 한 번도 안 보여주는 뱃속을
속없이 다섯 번씩 보여주었는데
뒤돌아보는 이 없어
더 이상 확인시킬 것도 없는 나는
낮달 같은 얼굴로 누워
베란다에서 들려오는
가느다란 신음소리를 듣는다

가버린 줄 알았는데
아직도 내 집 한 귀퉁이에서
머뭇머뭇 떨며 창을 들여다보던 가을 때문에

낙엽을 쓸며 화분을 매만지며
존재 확인은 내가 아닌 다른 이의
몫임을 깨닫는다

새들이 그곳에 가는 이유
—도시의 소시민

새들은 매일 도시락을 나른다

새들이 그곳에 가는 것은 돌아올 둥지를 만들기 위함이다

때가 되면 새들은 여정의 꾸러미를 꿰어찬다
수직으로 비행하다 추락하기도 하고
치장한 날개가 무거워 날아가길 포기하기도 한다

그들이 가끔씩 추락하여 소멸되는 것은
새로운 탄생을 의미하는 것이다

새들은 꿈을 꾸기도 한다
어떤 새들은 어두운 밤하늘 길을 잃고
빛과 영원히 차단되어
또, 소멸되기도 한다

새들의 희망은
다시 돌아올 둥지를 위하여
오늘도 여정의 꾸러미를 꿰차는 것이다

도시락과 함께

구월동 인쇄소

인천 구월동 손씨 인쇄소에
늙은 인쇄기계 하나 있다

구부정한 손씨 등처럼
클클클 관절염을 앓다가도
인쇄만 하면 생기가 넘친다

수다가 터지고
사연이 꼬리를 잇는다

그가 입을 벌릴 때마다
미주알고주알 지구촌 소식을
뱉어낸다

가끔은
송림동 산동네 소식을 전하다가
울컥 눈물을 쏟느라
멈추기도 하지만

손씨가 다정스레

기름걸레 세수를 시켜 주면
언제 그랬냐는 듯
소리치며 수다를 떤다

구월동 손씨 인쇄소
늙은 인쇄기 한 대
오늘은
어깨를 움츠리고
손씨 굽은 등만 바라보고 있다

김○○ 씨의 취미생활

김○○ 씨는 껌을 잘 씹는다
잘 포장되고 많이 알려진 껌일수록
김○○ 씨의 이빨은 잘 놓지 않는다

어느 모임이든지 그가 나타나면
그와 함께 껌을 씹어야 한다
그는 언제나 주머니 속에 껌이 있다

그날의 메뉴는
그의 입맛이 당기는 대로고
나누어진 껌은
각 사람의 입안으로 들어가
단물 쪽쪽 빨리고
이리저리 뒤집히며
질겅질겅 씹히다 향기가 달아나
턱이 당겨 올 때까지
그의 마음이 변하지 않는 한
이빨은 껌을 놓지 않는다

그의 껌 씹는 모양은 불독 같다

껌 씹는 것을 싫어하는 나를
못마땅히 여기는 그가
충치를 예방하는 것이라며 흘기는데

오늘
자신이 내일의 치통을 씹고 있음을
정말 모를 것이다

끌려가는 학생 K에게

—바보상자 앞에서

네가 감방으로 가기 위해
이른 아침 서리 같은
수갑을 차고 지친 듯 걸을 때
기자들은 먹이를 겨냥한
매처럼 달려들었다
살점 하나라도 놓칠세라
번득이는 눈으로
플래시를 터트리고
먼 곳을 향한 너의 눈을
더욱 슬퍼 보이게 했다
넌 후회하고 있을지도 모른다
네가 아니더라도
이 땅의 모든 것들은
바퀴 구르듯 잘 돌아가는데
검은 선글라스를 즐겨 쓰다
어두운 곳으로 간 어떤 사람이나
벗겨진 이마처럼
시원한 백담사 계곡에 머물렀던 그 어떤 사람이나
임금님은 당나귀 귀라고 외치고 싶었던
귀가 컸던 또 어떤 사람은

모두들 제자리를 지키고 있는데
넌 사각의 감옥에 갇혀
움직일 수 없다니
그저 초라하게 앉아
바보상자 속에 비친 똑똑한 너를
지켜볼 수밖에 없는 나는
이 아침
카펫의 온기에 소름이 돋는다
끌려가는 너를 보며

외투

1

그는 언제나 멋진 외투를 걸치고 있습니다. 어떤 이는 그의 외투가 부러워 똑같은 것을 걸치고 싶어 안달합니다. 그의 외투는 번쩍거리고 장식도 요란하지요. 그가 외투를 소중하게 다루기 때문에 티끌 하나 묻는 것도 싫어합니다. 그의 주변 사람들도 함부로 만지지 않습니다. 그가 다른 이들을 판단하는 기준도 외투입니다. 자신과 비슷하던지 더 좋던지 외투를 입지 않은 사람은 상대도 안 했지요. 어쨌든 그는 외투를 꼭 챙겨 입고 다닙니다.

2

어느 날, 그가 사우나를 갔습니다. 외투를 조심스레 벗어 옷장에 걸어놓고. 물속에서 적당히 때를 불린 그는 때밀이를 불렀지요. 그러나 그는 뒤통수 너머로 차례를 기다리라는 목소리만 들어야했습니다. 잠시 후 뱅글뱅글 몸뚱이가 굴려지고 엉덩이를 철썩철썩 맞아가며 불은 때를 긁어낸 그는 언짢은 기분도 식힐 겸 시원한 음료수를 마시러 휴게실로 갔습니다. 그때였습니다. 평소 그가 좋아하는 외투를 입은 절친한 그의 측근들 몇

명이 왁자지껄하게 사우나를 하러 오는 것이 아니겠습니까. 그는 반갑게 아는 척을 했지요. 그런데 그들은 멀뚱하게 바라보며 지나치는 것이었습니다.

3

괘씸하기도 하고 무안하기도 한 그는 다시 사우나를 하러 들어갔습니다. 그들이 들어오면 한마디 하기로 단단히 벼르면서. 하지만 여러 사람들이 계속 들락거리며 땀을 내고 사라지는 동안 그들은 사우나탕에 코빼기도 안 비치는 게 아니겠습니까. 목욕탕을 아무리 둘러봐도 그들은 없었습니다. 심심한 사우나를 마친 그는 탈의실로 가서 옷을 입고 소중히 걸어놓은 외투를 입었지요. 폼 나게 머리도 빗고 로션도 바르고. 그때 여럿의 벌거벗은 이들이 오더니 아는 척을 하는 것이었습니다. 그는 멀뚱히 바라보다 그냥 나와 버렸지요. 그날 이후 그는 외투를 절대 벗지 않는답니다. 오히려 단추를 더 많이 달았다나요.

하루 또 하루

해가 저문다
아직도 끝나지 않은 하루가
어깨를 타고 앉아 다리를 흔든다
스물네 시간의 틀에서
오늘도 열심히 쳇바퀴를 왜 돌렸는지
난 알 수가 없다
누구를 위한 무엇을 위한
쳇바퀴였는지 모른 채
지금 이 순간도 나는 돌린다

내가 다람쥐가 아니라는 것을
아무도 모른다
존재하는 것들은 늘 그 자리에서
쳇바퀴 돌리기에 여념이 없으므로
자기의 할 일을 충실히 하고 있기에
그들 역시 자신이 다람쥐가 아니라는 것을
모르고 있다

말 1
—오해

12월의 가시가 되어 돌아왔다
그가 스친 자리에 얼룩지는 붉은 반점
여리디 여린 내 살은 대항도 못하고
붉은 눈물만 흘린다

말 2
—칭찬

부드럽게 감겨오는 크림빵처럼
자꾸 먹고 싶었다
혀끝에서 스르르 녹는다
깨어나고 싶지 않았다

말 3
—소문

하릴없는 바람처럼 끈질기게
따라와 맴돈다
줏대 없는 지장풀처럼 이리저리
휘감으며 칭칭 동여맨다
지끈지끈 두통이 인다

ㅇㅇ병원 의사의 처방

세
월
이

약

말 4
—상처

소금 댓 숟갈 삼킨 듯 짜다
물을 삼키고 도리질해봐도
소금의 앙금이 녹질 않는다
무수히 물을 들이켰건만
앙금의 결정체가 콕콕 찌른다

2부 · · · 떠난 자리

잠행

그들이 숨어 있는 곳으로 잠행을 시작했다 저혈압을 앓고 있는 그들을 깨우기로 했다 번득이는 이끼에 싸여 침묵하며 돌아보지 않는 그들은 밑으로 수장되고 있었다 안간힘 속에 휘젓는 물갈퀴 사이로 신열의 파편들이 흘러내렸다 물살의 힘은 그들을 점점 밀어내었고 검은 구름이 서서히 덮쳐왔다 캄캄해져 가는 바다 속을 향해 내 목 줄기의 핏줄은 날선 칼같이 솟아올랐다 언어의 시체들이 물속으로 흩어졌다 그들은 빠르게 죽어 사라져 갔다

결국 나는 절망으로 가득 찬 건을 쓰고 곡을 할 수밖에 없으리라

자유공원*에서

자유공원 벤치에 따뜻한 햇볕이 내린다
노인 셋이 빈 자루로 주저앉아
겨울 같지 않은 겨울을 지낸다며
궁시렁거렸지만
멀리 월미도 앞바다에 떠 있는 배 몇 척은
발이 몹시도 시려 보인다

햇볕은 자유공원 겨드랑이까지
파고들어 입김을 불어대며
종종대는 참새의 발목을 붙들고
산책로 옆 포장마차에는
어묵 국물의 구수한 웃음이 피어오른다
뱃속은 때맞춰 알람을 울려대고
눈치 없는 군침 옆구리를 쿡쿡 찌르는데
홀쭉한 볼을 붉히며 말이 없는 주머니

힐끗힐끗 포장마차 앞을 스치는 등 뒤로
노인 하나 일갈한다
“젊은 놈이 대낮에……”
가슴에 큰 파도가 일렁이며 한기가 스민다

욱신거리는 등
꽉 쥔 주먹 사이로 땀이 흘러내린다
언제부터인가, 자유공원을 오르는 것이

공원을 내려가며
빈 발자국을 채울 그날을 그려본다
이른 아침 도심을 달리는
힘찬 그날을

*인천광역시에 있는 공원으로 인천시가와 인천항만의 풍치를 한눈에 바라볼 수 있는 곳. 응봉산 서부 전체가 자유공원이다.

브레이크를 밟지 않겠다

감시카메라 작동
속도를 감속하시오
시속 80km

철마산 언덕에 올라서면
눈알을 굴리는 감시카메라
핏발선 눈으로 곁눈질한다

두 팔 벌려 환호하는
가로수의 함성을 들으며
나는 너에게
도전장을 던진 채
언덕 아래로 곤두박질친다

일그러진 웃음 속에
빨간 '경고장' 립스틱을 바르고
책상 위에 드러누워
지겨운 하품을 한다 해도

난 브레이크를 밟지 않겠다

바람

옷자락이 달싹거릴 때부터 알았어야 했다. 채찍바람, 칼바람보다 맵고 시린 아픔이 내게 올 것이라는 것을. 내 삶의 장에 광풍으로 다가와 버석대는 모래를 뿌려 눈을 뜨지도 감지도 못하는 시간으로 끌고 가리라는 것을. 어둠처럼 소리 없이 다가와 무지한 나를 휘감아 깊은 골짜기로 던져버릴 것이라는 것을 나는 진작 알았어야 했다. 내 머리채를 빙빙 돌리며 찌를 곳을 찾고 있는 칼을 물고 달려오는 바람. 온몸을 구타하며 아프게 한다. 그가 나를 보며 웃고 있다.

강원도의 힘*

8월

강원도가 무장을 한다

짙푸른 투구를 눌러쓴 숲

꽃게도 발을 들고 걷는

달달 볶은 모래밭

태양은 붉은 혀를 빼물고 헉헉대고

하체를 벌리고 누워 있는 백사장

스물네 시간 풍차처럼 돌아가는

모텔 네온사인

초침이 움직일 때마다

산통이 오고

바닷물에 출렁대는 바가지에

오물이 가득하다

발 디딜 곳 없는 강원도

* 홍상수가 감독한 영화의 제목.

길

그 길을 걸어올 때면
늘 어둠으로 가려진 하루를
어깨에 얹고 그렇게 지나왔다

언제나처럼 13번 종점의 기름 냄새가
방금 내린 나를 앞서 있었고
내 허기짐은 길동무를 탓하지 않았다

길 양편 창문들은
눈빛을 털어내듯 하나, 둘 눈을 감고
몇 개의 불빛들만이 눈을 글썽이고

모퉁이 끝에는
언제부턴가 장승처럼 그가 서 있었고
어둠은 말없이 그의 빈손을 잡아주며
얼룩진 등을 쓸어주고 있었다

우리의 발자국은
낮게 엎드린 산동네 어귀에 이르기까지
말없음표를 한 점 한 점 찍으며 걸어갔다

1998년 그 골목길을

폐차장 공터에서

폐차장 공터 위에 그는 앉아 있다
구부정한 어깨를 늘어뜨린 채
먼 산을 바라보는 폐차 한 대

칠 벗겨진 머리 위로 희끗희끗
세월의 고단함이 편두통을 앓게 하고
뼈마디가 녹아내리는 골다공증으로
한 걸음 움직일 수 없지만
햇살의 손길에 몸을 맡긴 표정이 평온하다

상처투성이 성한 곳 하나 없어도
그 상처 속에 감추어진 역사를
알고 있기에 그는 행복하다

생애 마지막일지도 모르는
하루 햇살의 조용한 토닥임에
가끔은 공허한 웃음도 흘리지만
지나간 시간은
한때의 영화였을 뿐이라고 말하지 않는다

서산 넘어 해를 붙드는
폐차의 긴 그림자가 어머니를 불러오는
싸리꽃 그림자 깊어가는
폐차장 공터에서

나 보고 옷을 벗으라고요?

나는 옷을 벗기 싫었습니다
그들은 말했지요
내가 입은 옷이 촌티가 난다고
얼굴 생김이, 말하는 것이 마음에 들지 않는다고

거울 앞에 섰습니다
옷을 하나, 둘…… 벗었지요
낯선 사람 하나가 나를 바라보고 있었습니다
언젠가 보았던 어스름한 동해의 눈빛이 이랬던가요?

새 옷을 걸쳐보았습니다
낯선 사람은 여전히 나를 바라보고 있었습니다
그 눈빛으로
그 눈빛, 숨을 곳이 없었습니다

다시 옷을 벗었습니다
여전히
낯선 사람 하나가
나를 바라보고 있었습니다

소래 포구

다다랐을 때 포구는 눈을 감고 있었다. 술래를 찾는 보름달이 잠깐씩 얼굴을 내밀면 감긴 눈을 슬쩍 떴다 감을 뿐이었다. 뒤척일 때마다 하루를 지우려는 듯 하품하며 단내를 풍기고 있었다. 수많은 발자국들이 그의 얼굴을 맴돌며 귓가에 토해놓았던 이야기들을 흘려버리려 조용히 몸을 흔들고 있었다. 가끔은 돌아오지 않는 어선이 그리운지 흐느끼기도 하였다. 먼 바다 이야기를 들려주던 괭이갈매기와 이따금 찾아와 따뜻한 등을 들이밀며 업어주던 통통배를 기억하는지도 몰랐다. 먼 옛날 소래 포구의 빛 바랜 문패를 그리워하는지도.

태백

한때는
송홧가루처럼 날리는
탄가루가
차창을 기웃거려
숨을 멈추게 했던 곳이다

서편 하늘에 노을이 걸릴 때쯤
광부의 그림자 위로
달그락거리며 도시락을 들고 왔을 길목에
싸리나무 줄기마다
꽃들이 피어
바람에 무심히 흔들린다

아직도
광부의 밭은 기침소리 들릴 것 같은
뚫어진 창문 너머에는
폐광의 어두움이
검은 그림자로 누워 있고

적막의 그림자를 밟으며

서성이는 여행객의
마음을 흔드는 것은
규폐증 앓던 광부가 버리고 간
헐떡이는 바람 드나드는 폐가였다

떠난 자리
—철암리

골목 끝

그림자는 어느 곳에도 없었다

허리를 길게 뺀 골목만이 있을 뿐

잠든 굴뚝은 더 이상 하품을 하지 않았고

이끼 낀 침묵만이 틈새를 오가고 있었다

밤이면 활짝 핀 꽃처럼 눈빛을 깜박거리던

불나비 다방 계단에는 아직 못 다한 말들이

먼지와 함께 굴러다닐 뿐

빨간 립스틱 점박이 미스 박도

짧은 치마 속을 더듬던 까만 눈의 광부 박씨도

스러져가는 철암리는 기억하지 않았다

외포리에서

다시 바다를 찾았을 때
이따금 바다 소식을 물어다 주는 파도가
그녀의 분가루 같은 모래밭을 서성이고 있었다

우리들의 이야기를 찾고 싶어 기웃댔지만
이미 기억 저편 저문 강이라고
달아나는 모래알들이 말하고 있었다

그녀의 체취는 어디에도 없었다
저 멀리 내장을 드러낸 우산이,
머리를 풀어헤친 테이프 하나가
다시 감을 수 없는 우리의 인연을 보여주듯
모래밭을 뒹굴고 있었다

파도가 달려와 발끝을 툭툭 치며
낯선 듯 기웃대다 돌아가곤 했다

바다가
하얗게 눈을 흘기며 내 등을 떠밀고 있었다
손을 놓으라 말하며 돌아서고 있었다

노산대

칠순 부모님과 단종이 유배당한 영월에 갔습니다. 아버지는 노산대에 꼭 와보고 싶었다고 하셨습니다. 단종의 눈물인 양 시퍼렇게 멍든 강을 건너 유배가옥을 둘러보고 노산대에 오르는데 관절염을 앓고 계신 어머니가 더 이상 못 오르시겠다며, 단종이 살아생전 나무 사이에 걸터앉아 왕비를 그리워했다는, 그 육백 년 묵은 나무 아래 힘없이 앉아 계셨습니다. 노산대를 오르는 가파른 그 길은 허리를 곧게 세워 아버지의 다리를 휘청거리게 했고 아까부터 내 안에는 무언가가 꿈틀대고 있었습니다. 단종이 막막한 강, 저 끝 산 너머 한양 땅을 바라보며 눈물지었다는 노산대. 난 코끝이 찡해지며 눈물이 났습니다. 긴 세월 단종의 눈을 짓무르게 했던 그곳에서 잠시 저 산 아래 두고 온 어머니가 너무 그립고 가슴이 아파 가슴에 꿈틀대던 그것을 토했습니다. 아득하게 먼 강물이, 첩첩이 둘러싸인 산들이, 어머니의 세월이, 아버지의 세월이, 단종의 세월이 몹시 서럽고도 서러운 날이었습니다.

탄금대

푸른 달빛 가슴 시린 가을밤
과수댁 사립문 고추 금줄 밑으로
외할아버지 들어가시던 그 밤

탄금대는 그렁그렁 가래 끓는
낮은 소리로 쇅쇅 울었다
낯빛이 파랗게 질려 부들부들 떨었다
서슬에 놀란 달빛은
더욱 파랗게 질려갔다

탄금대의 푸른 손이
외할머니 버선목을 잡던 그 밤도
그녀를 안은 탄금대는
가슴을 탕탕 치며
또 하나의 피멍이 들고 있었다

벚꽃나무

가로등 아래 벚꽃나무 한 그루

한 사람이 말한다

히야~! 튀밥을 뻥뻥 튀기고 있구나!

벚꽃나무, 하얀 강냉이를 우수수 떨군다

또 한 사람 말한다

우와~! 뭔 말이 저리 많나?

벚꽃나무, 아직도 멀었다고 후두둑 후두둑

아니다! 쟤는 시 쓰는 중이다!

벚꽃나무 꽃눈을 찡긋하며

분홍 웃음 터뜨린다

봄, 링거를 맞다

늦은 저녁 벚꽃의 수줍은 웃음을 보았습니다

가로등의 은근한 질투 어린 눈빛 때문일까요?

달님의 부드러운 손사래 때문일까요?

파운데이션에 분홍색 볼 터치 기막힌 화장술입니다

한 뼘쯤 불룩해진 심장이 불을 뿜으려 합니다

조금 있으면 기관차 소리를 내며 달려가겠지요

낮에 잠깐 이슬비가 얼굴을 투덕거렸을 뿐인데

대지가 온통 움찔거리며 기분 좋은 몸짓입니다

소녀의 체모처럼 잔디가 부끄러운 듯 살짝 얼굴을 내밀고

처음 만났을 때 아내의 모습이 사방에 너울거립니다

당분간 잠이 올 것 같지 않습니다

3부 · · · 목격자를 찾습니다

유년의 언덕

술찌기 먹은 듯 별빛이 흐늘댄다 바스락 소리에 길어지는 귀 캄캄한 사방을 향해 적의의 화살을 꽂는다 그들은 내 눈알과 함께 화살을 앗아간다 벌건 눈에 옅은 안개 지핀다 강줄기 물꼬 튼다 어둠, 입가를 비틀며 숨어 있다 머리털 구멍까지 꽂히는 화살 온몸이 가렵기 시작한다 따갑다 웅웅웅 돌기 시작하는 핏대 꼭지에 매달리는 그들 익숙한 소리 귓밥을 깨물고 핏대 끊어진다 온돌 같은 어머니 손 어둠이 달아난다 기다림이 서성이는 내 유년의 언덕

아날로그 I

사발에 떠다 놓은 물이 또 얼었다. 짓누르는 솜이불 무게 아랑곳없이 돋아나는 소름들. 14인치 흑백텔레비전 위에 원앙 한 쌍 시린 듯 날개 여민다. 지금 둘이서 할 수 있는 유일한 부싯돌 놀이. 일어나는 스파크. 잠시 틀었다 잠근 온수 같은 열기. 그러나 이내 사라지고 다시 흐르는 냉기. 창 밖 전봇대의 전선 오한을 앓고 실신한 연탄 깨어날 줄 모른다.

아날로그 Ⅱ

비닐 장판 위에 신문 광고 종이자락 뒹군다. 고딕체로 쓴 〈**사원모집**〉 눈길 따가운 듯 돌아눕는다. 눈곱 낀 전구 시선 떨구고 구들장 싸늘한 웃음 흘린다. 그가 들어선다. 새끼줄에 입질한 연탄 한 장이 뱅글뱅글 돌고 있다. 마주친 두 눈 덩달아 소용돌이친다. 겨울 한 자락 눈을 내려 깐다 서울 한복판을 유랑하던 신발 구석에 웅크려 앉아 하품을 한다.

아프간의 겨울

아프간의 겨울이 덥다
모래바람 벌판에 불꽃놀이가 시작된다
화상을 입은 나뭇잎들이 쓰러져 눕는다

월 13만 원에 대여한 우리 집 구들장은
체증에 걸린 아기 손처럼, 아니 산후 조리 못해
일 년 열두 달 수족증을 앓는 아내 모습으로 누워
등을 돌리고 있다

20인치짜리 그림상자에서
그녀가 나와 입을 쫑긋거린다
그녀의 동그란 입속을 탐험하고 싶은 충동이
오늘도 예외 없이 일고
난…… 사타구니를 움켜쥐고 구들장의 등을 껴안는다

군화를 신은 그녀의 말들이
구들장 위로 저벅저벅 걸어온다
"우리나라는 의료진 100명을 포함한 후방지원
450명을 현물과 함께 지원하기로 했습니다."

구들장이 얼음송곳이 되어 일제히 일어선다
따끔따끔 불꽃이 피어오르고
아프간의 벌판이 아닌 우리 집 방 안에도
화상을 입은 나뭇잎들이 쓰러져 눕는다

아프간 벌판에 부는 채찍바람이
모래바람을 일으키며 방안을 휘돈다

빼꾸기 섬 아이들

어머니,
등을 보인 해가 어머니를 생각나게 하네요
날 두고 돌아서던 당신의 뒷모습
그때 이 섬은 치통을 앓듯 입을 앙다문 안개가
성난 머리를 풀어헤치고 있었지요
조개껍데기 같은 나뭇잎들의 퀭한 눈 속으로
밀물처럼 바람이 넘나들고 있었어요

눈물방울 파도에 피부염으로 녹슨 철대문 앞에서
뱃고동 울리듯 내 이름 두어 번 부르고
꼭 데리러 오마 하셨는데
모래바람 풍랑 일어 이정표가 길을 가르쳐 주지 않던가요
빼꾸기 섬의 놀이터에는
출항을 꿈꾸는 아이들 눈망울만 공기돌처럼 굴러다녀요
한번 꺾기*를 할 때마다 오 년, 십 년 세월이 흘러버릴까
일 년씩만 꺾는,
기다림에 숯이 된 까만 눈동자 속에서
별빛으로 일렁이는 눈물 한 방울만이
우리를 숨쉬게 해요

어머니,
이 섬을 기억하고 계신가요
지도에도 존재하지 않는 이어도처럼
입으로만 떠도는 뻐꾸기 섬에서
오늘도 어린 뻐꾸기들은 보육원 앞마당에 앉아
물보다 진한 핏물로 각인된 항로를 따라
배부른 지폐를 실은 배를 타고
활짝 웃는 엄마 뻐꾸기가
오실 날만을 기다리며
통증으로 뒤척이는 저 바다를 바라봅니다

*공기놀이 5단계에서 공기돌 5개를 오른손등 위에 올려놓고 꺾어서 모아 쥐는 것. 규칙 정하기에 따라 공기돌 한 알을 일 년으로 정하기도 한다.

호두

1

처음부터 방은 문이 없었다
비밀은 어둠 속에서 그렇게 만들어져 갔다
내가 알지 못하는 그 어떤 것들이
쉰 목소리로 노크를 하였고
머리를 부딪쳐 앓는 소리를 냈다
그럴수록 방은 더욱 폐쇄되어 갔다
몸이 움츠러들었다
쌓이는 아집들
응집될수록 흐르는 독선
이제는 어두운 방 안이 싫다

2

나를 보이기로 했다
어둠 속을 뒹굴며
부서지는 고통을 견디고
세상을 보았을 때
쏟아지는 햇살들의 눈빛을
나는 기억한다
더 이상 가진 것이 없는 몸뚱이가

얼마나 가벼웠는지도

거미줄

세상 살기가 이렇게 힘든 줄 어떻게 알았겠어요
굵은 털실처럼 통 큰 척 듬성듬성 엮어보기도 하고
쫀쫀한 소쿠리처럼 물 샐 틈 없이 짜보기도 했지요
오늘도 허탕입니다

날씨 탓일까요? 하긴 공장 굴뚝의 우울한 연기마저
쉬고 있으니 걸려들 리가 없지요

하도 실을 엮다보니 온몸이 얼얼해요
그래도 바람에 비실비실 웃어보네요

참 이유도 많더라고요
끈끈한 잔주름이 속 좁아 보여 싫다
번듯한 굵은 줄 하나 만들 줄 모르느냐
늘 먹잇감들은 이런저런 핑계로 잘도 피해가고
꼬리를 감춘 시간은 언제쯤 낯설지 않을까요?

언젠가
한 번쯤은 먹이 사냥을 할 수 있겠지요
알아요, 희망의 끈을 놓지 않겠어요

진득한 내 거미줄에
취업통지서 한 장 걸리는 날
어머니 입가 자글자글한 주름을
눈물 없이 볼 수 있을 거예요

혼자 있는 소리

식구들이 자기 소리들을 짊어지고 떠나자 방안은 무성영화처럼 시간을 건너가고 있었고 손바닥만 한 저녁 햇살이 거실 바닥을 내리쬐며 먼지들의 춤을 감상하고 있었다.

구석 어딘가에 숨어 있었던 고요와 침묵의 소리들은 천천히 나를 찾아와 감싸며 손을 끌었고 그들은 유년의 어떤 소리들을 기억나게 하였다.

어머니는 해가 산마루에 걸려 마지막 한숨을 토하도록 돌아오지 않았고 어둠은 거미 기어오듯 나를 향해 다가오고 있었다.

함께 놀았던 양동이의 물소리들도 잠이 들었는지 움직이지 않았고 햇살 아래 뛰놀던 온갖 소리들이 어둠에 묻혀 보이지 않았다.

어두운 방안에 쪼그려 앉은 나를 찾아온 고요와 침묵의 소리는 바람에 문풍지 스치는 소리를 친구로 데려다 주었고 누군가 문고리를 당기듯 딸깍이는 소리도 데려와 나를 놀라게 했다.

선반 위에 어둠과 함께 앉아 있는 불 꺼진 남포는 쓸쓸한 연민을 보내었고 손바닥이 점점 젖어오던 나는 끝내 침묵을 깨뜨리며 구슬 같은 눈물을 흘렸다.

어머니의 다정한 목소리가 문을 두드리며 날쌘 내 발걸음에 방문이 비명을 지르고 남폿불이 환하게 웃으며 어둠을 몰아내면 혼자 있는 소리들은 또 어디론가 숨어버렸고

나는 아직도 그들이 어디에 숨어 있다. 나에게로 다시 왔는지 알 수 없지만 영원히 나를 떠나지 않는다는 것을 알고 있다.

둥지

아기 단풍잎 같던 막냇동생이
해마다 달팽이집을 이고 다니더니
네 식구 동글동글 굴러도 흔들리지 않는
붙박이장 같은 집을 마련했다며
집들이를 한단다

한솥밥 안에서
보글보글 키 재기하던 남매들
오랜만에 모여 가늘어진 막내 허리
안아주며 궁둥이를 투덕거리고
다른 동네 이야기에 신이 난 젓가락들
마냥 춤을 추는데

슬며시 일어나 이 방 저 방 기웃대며
축구해도 되겠다는 둘째 동생 한마디에
납덩이 같은 침묵이 거미처럼 다가와
이십 평 아파트의 숨통을 막는다

단칸방 뻐꾸기 고단함 훌쩍이는 소리에
바람 잘날 없던 세월 주름살 도랑마다 감추고

애써 나무 껍데기 같은 웃음으로
둘째를 위로하는 어머니
마른 깃털만 남은 구멍 난 둥지 위로
비가 내린다

어머니

1. 북어

시렁 위에서 버리지 못한 세상 인연 긴 실타래를 칭칭 동이고 퀭한 눈을 부릅뜨고 있다. 미련이 아니란다. 움푹 꺼진 눈이 단호하다. 아직도 이 세상 너머가 근심이란다.

2. 명태

아리도록 진한 연민으로 생살 찢기는 아픔조차 몰랐다 했다. 윤기 흐르는 몸뚱이라도 줄 수 있음에 내 생애 가장 행복했던 순간이었다고 눈가를 적신다.

3. 동태

정지된 삶이 슬픔이었노라고, 그저 돌아선 등을 바라볼 수밖에 없는. 되돌릴 수 없는 시간이 안타까웠노라고, 식어가는 심장을 움켜쥐고 소리 없는 눈물을 흘릴 수밖에 없었노라고.

방문객

그의 방문에 우리들은 숨을 헉헉대었다 예고도 없이 찾아온 그가 두려워 몸을 떨었다 모두들 갑자기 멈춰버린 일상에서 이탈되자 잘못 감긴 테이프처럼 비명을 지르며 서로를 탓했다 방문객은 그림자로 서서 칼날 같은 웃음을 흘렸다 그는 이런 상황을 즐기는 듯 보였다 우리들은 그의 방문을 인정할 수 없음을 온몸으로 항변했다 머리를 쬥고 가슴을 쥐어뜯으며 쇠구슬 같은 눈물로 거부했다 그러나 그는 그의 앞에 벌어지고 있는 일들에 익숙한 듯 방문 목적을 달성하고 뒤도 돌아보지 않고 가버렸다

아버지의 영혼이 떠나간 안방 밥상 위에 숟가락을 품은 청국장이 긴 머리를 풀며 숨쉬고 있었다

송우리*

송우리 가는 길은 멀고도 멀어
자동차도 쉬어 어깨를 두드리며
꺼진 배를 채워야 다시 가는데
아버지는 혼자서 온다간다 말도 없이
휘적휘적 걸어가셨다

뒤돌아 큰딸 이름 한번 불러주지 않고
내가 사드린 휴대폰 문갑 위에 올려놓고
삼복더위 시원타고 베적삼만 달랑 입고
송우리로 가셨다

그렇게 좋아하시던 휴대폰에
메시지를 남기라는 말만 떠돌고
목메어 불러도 대답도 없으면서
이름 모를 풀잎 베개 삼아
송우리 하늘 바라보며
한 번쯤 큰딸 이름 불러보셨는지

아버지 가시고
멍든 가슴 풀리기도 전에

이 큰딸은 밥 한 그릇 잘도 비우는데
아버지 눈물을 실어온 바람은
찬손으로 얼굴을 치며
내 가슴을 종주먹질합니다

아버지,
지금 계신 그 집에
작은 새들 많이 놀러오나요
지붕 위에도 눈이 많이 쌓였나요

* '송우리 천주교 묘지' 가 있는 지역 이름.

목격자를 찾습니다

그 집은 항상 그곳에 있습니다
하늘하늘 해진 옷을 투정부리곤 하던 나날
루핑 한 조각이
시린 하늘 한 모퉁이를 가려주려 애쓰던
그 구멍 난 틈새로 마주치던 창공은
올망졸망 오 남매의 꿈이었습니다

가끔씩 하늘나라 이야기를
찔끔찔끔 떨구기도 하고
화장기 없는 얼굴을 내밀어
우리들의 꿈을 낙서하게 했습니다

정겨운 손가락들이
오순도순 지나간 창호지 구멍으로
바람은 그 길을 오가며
세상 이야기를 물어다 주었고
어머니의 손길을 따라가면
날이 새도 모자랄 이야기들
재봉틀 옆 쓰다 남은 천 조각 같은
모양 없는 꽃밭은
하루에도 열두 번씩 변하는

오 남매의 미래였습니다

부뚜막 닮은 어머니의 손길처럼
빼곡이 앉아 있는 상추밭은
한낮의 양식으로
터질 듯 푸짐한 입들을 즐겁게 했습니다
싸하게 맴도는 뒷맛은
어머니의 화난 눈초리 같기도 했지만
금세 새록새록 솟는 정처럼
입맛을 돋워주는 하얀 설탕처럼
침을 고이게 했습니다

자라지 않는 집
나만의 집 그 집을 보신 분은
후사하겠습니다
꼭 연락 바랍니다

연락처: 지금 우리 집은 하늘과 가까이 있지만
하늘을 볼 수 없습니다
허공에서 늘 발을 헛디딜까
안절부절못한답니다
구름아파트 201동 25층 3호

안개 속으로 흐르는 강

내 그리움의 언덕 위에는
언제나 습한 안개와
장대비가 내린다.

또 습한 안개가 몰려들었다. 언제까지 따라다닐 것인가. 기억하고 싶지 않은, 그러나 눈자위 저리게 그리운. 늘 옷자락에 매달려 늘어진. 손등 위에 얼룩진 땟국물 같은 가난을 떨쳐 버리듯, 풀죽 같은 옷을 벗고 장대비 속에서 헤엄을 쳤다. 등에 꽂히는 빗줄기는 쾌감이었고 하류로 치닫는 탈출은 자유였다. 위험해, 물살을 부둥켜안고 악을 쓰며 쫓아오는 어머니의 고함은 그래, 구속이었다 어머니……

지붕을 뚫고 내리는 빗물은 주먹 눈물이 되어 양은대야에 흘러 넘쳤고, 어머니는 마른걸레로 젖은 마음 훔치듯 방바닥을 두들겨댔지만 물먹은 빨래로 가난은 무겁게 누워있을 뿐. 우리들의 꺼진 배가 조금씩 솟을수록 우기에 곰팡이 피듯 마른버짐 번지던 어머니는 장대비 속에 먼 곳으로 마실을 가셨다.

묵향이 어두움의 등을 다독이는 시간, 콘크리트 외벽을 뚫을 듯 꽂히는 빗줄기를 보며 먹을 간다. 안개 속 저 강을 건너 어지러운 빗속을 걸어오실 어머니를 그린다.

顯妣孺人安東金氏神位

집

쓸모없이 낡았다는 이유로 사전에 통보도 없이 내 집을 허물어 버렸다. 나는 인정할 수 없었다. 집을 부숴버린 이에게 원상 복구할 것을 요구했다. 그는 대답하지 않았다. 나는 나에게 있어 그 집이 얼마나 소중한가에 대해 소리쳤다. 그 집에서 처음 세상과 눈인사를 하던 날, 그 집은 떨리는 손으로 내 손을 잡았고, 나이테처럼 주름이 깊어갈수록 온돌 같은 사랑을 주었으며 폭포처럼 사랑 주는 법을 가르쳤음을. 그 집은 내게 꿈을 꾸게 했고, 꿈이 이루어지길 간절히 기도했음을. 그 집이 사라진다는 것은 곧 내가 버려지는 것임을. 나는 이 가혹행위를 인정할 수 없다고 끝까지 우겼다. 그리고 무릎 꿇어 울부짖었다. 그러나 그는 나를 철저히 외면했다.

사랑하는 집은 그렇게 나를 떠나갔고 나는 아무런 준비도 없이 내 집을 영원히 잃어버렸다.

그 · 리 · 운 · 아 · 버 · 지

진료차트 1997~1998

내가 할 수 있는 일은 고작, 불안이 기미처럼 낀 담장 밑을 서성이는 일이 전부였다. 담장 너머로 고개를 내밀면 불확실한 미래의 그물이 덮쳐올 것 같았고, 어두움이 꼬챙이처럼 눈을 찌를 것만 같았다. 또한 디딜 때마다 한 뼘씩 내려앉는 땅 위를 두려운 걸음으로 몇 걸음 뻗어보는 것이 전부였다. 그랬다. 내가 할 수 있는 일이란 게. 목에는 늘 가시처럼 가래가 박혀 있었고 머리를 아프게 했다. 궁금증으로 광채를 뿜었던 눈알은 매립지의 가로등처럼 빛을 잃고 죽어가고 있었다. 제 기능을 잃고 쪼그라진 할머니 손 같은 위장은 점점 메말라 버석거리며 서로를 후벼파고 상처를 내었고, 아이엠에프 바이러스 세력이 마지막 세포 하나를 잠식하던, 내가 할 수 있는 일이 아무것도 없음을 알게 된 그날. 나는 하늘을 날 수 있었다.

37병동에서 온 편지

병상의 침대가 시계바늘의 등을 움켜잡고
놓아주지 않는 오후, 그가 전화를 했다
점심 중이라는 목소리에
풀기 없는 밥알들이 굴러다닌다
하루 종일 두 다리를 부채질하던 바람이
잠시 휴식 중인가 보다
이젠 손목 들 힘이 있다며
쿡쿡 시간을 등 떠밀며
들여다보지 않는 그를 탓했음이
호사스런 투정이었다는 미안함에
힘내라는 말만 머리로 굴릴 뿐
입술은 빗장을 풀 줄 모른다
삶의 복병은 하나밖에 없는 내
궁宮을 허물고서야 발목을 놓았지만
용서하고 용서받는 시간
빨판을 들이대고 납작 엎드린
거머리 같은 주사바늘도
아직도 3을 가리키는
작은 시계바늘도 감사한 오후
형광등의 하얀 손사래도 쫓아내지 못한

병원 복도의 진드기처럼 스멀대는 어둠을
당당하게 거두고 뛰어나가리라
그가 걸어가는 터널 속에서
함께 빛을 찾는 한쪽 다리로
기다림의 미학을 다독이는 우표로
그의 곁에 꼭 붙어
다시는 진눈깨비 같은 눈물이
그의 어깨에 타지 않도록
언젠가 올 그날을 향해
인내하며 걸어가는 한쪽 다리이고 싶다

수혈

1

하얀 시트 위 한 점 빨갛게 타오르는 눈빛이 양심을 아프게 한다. 이웃의 눈인사가 귀찮아 담을 쌓았고 담장 틈새마다 푸른 이끼가 무성하면 할수록 대문은 녹슨 입을 굳게 다물었던 그때. 왼쪽 가슴은 늘 통증으로 눈살을 찌푸렸고. 망대에 오르기가 두려웠다.

2

아직 철이 덜 든 것일까. 혈액이 한 방울 한 방울 혈관을 타고들 때마다 세포가 낯설다고 통증을 호소하며 투정한다.

3

불끈불끈 은총을 펌프질하는 심장.

4

손을 내밀기로 했다.

겨울 1966

지독한 겨울, 바람이 분다
마지막 죽 그릇 핥던 바람
지붕 위를 맴돈다
돌 밑의 루핑 조각 긴 울음 토하고
구멍난 창호지 사이로
도둑처럼 들어선 궁핍
살모사처럼 똬리를 튼다
젖은 연탄가스 마른 심장 찌르고
밭은기침이 살아 있음을 알린다
갓 출산한 산모 같은 뱃속
전쟁 시작이다
해진 내복 사이를 비집고 들어온 바람
살갗을 헤치고 심장을 난도질한다
흩뿌리는 눈발 빙빙 돌고 나도 돈다

지독한 겨울
그해,
나는 죽지 않았다

지금 나는 투병 중

오늘 도서관에서
복사 카드를 버렸다
나에게 올 작은 활자들의 아우성 소리가 들렸다

어제 공중전화 카드를 버렸다
덕분에 몇몇 그리운 목소리도
같이 버렸다

마트에서
새로 산 물건들을 버렸다
1만 5,500원 돈을 버렸다

자동차 열쇠도 두 번 버렸다
(다행히(?) 자동차는 안 버렸다)

요즘 나는 투병 중이다
모두들 치료약이 없다고 말을 해 슬프다

더욱 슬픈 것은
꼭 버리고 싶고 버려야 하는 그것

욕심은 버리지 못하는 것

● 해설 ●

이웃에 대한 관심과 가족에 대한 사랑

이승하(시인 · 중앙대 교수)

정경해 시인의 첫 시집 독자에게

21세기인 지금, 시의 사회적 역할에 대한 회의가 일 때가 있습니다. 오늘날의 독자는 시집을 사 읽지 않고 있고 컴퓨터 화면을 통해 볼 따름입니다. 매스컴은 이미 오래전에 시인과 시집에 대한 관심을 거둬들였습니다. 제가 몸담고 있는 중앙대 문예창작학과 신입생 40명을 대상으로 해마다 "시 쓰려고 여기 온 학생 있나요?" 하고 물어보면 5명을 넘지 않습니다. 판타지 소설이며 시나리오, 방송극에 대한 관심이 나날이 늘고 있는 반면 문학의 정수라고 할 수 있는 시에 대한 관심은 줄어들대로 줄어들어 있습니다. 이에 대해 시인의 한 사람으로서, 시를 가르치는 대학교수의 한 사람으로서 서운함을 느끼지 않을 수 없습니다. 시집의 시세 없음은 서점의 시집 코너에 가볼 때와 지하철을 탈 때 가장 강하게 느낍니다. 시집은 아무리 큰 서점에 가더라도 서가가 몇 개 되지 않습니다. 아직 운전면허증을 못 따 지하철을 1년 내내 타고 다니는 저는 시집 읽는 승객을 지난 몇 해 동안 본 적이 없습니다.

저는 이렇게 생각합니다. 시인은 이 세상에 없으면 안 될 소금과 같은 존재라고요. 언어를 다뤄 언어를 넘어서는 존재가 시인 아닙니까. 언어를 구사함으로써 인간의 한계를 넘어설 수 있는 존재, 꿈꾸는 존재, 꿈을 실현할 수 있는 존재가 또한 시인입니다. 신을 천천히 발음하면 시인이 되며 시인을 빨리 발음하면 신이 됩니다. 시인은 언어를 통해 새로운 세계를 창조할 수 있기에 신으로부터 '꿈'을 위임받은 자입니다. 이상국가의 창설을 주장한 플라톤이 시인추방설을 동시에 주장했지만 시인은 꿈꾸는 자이기에 어느 시대 어느 국가에서도 추방되지 않고 시를 쓰고 있습니다. 물론 파블로 네루다나 세자르 바예호 같은 망명시인도 없지 않았지만 말입니다. 언어로써 세계를 정복한다는 것, 세계와의 합일을 갈망한다는 것, 상상력을 마음껏 펼쳐본다는 것, 불가능을 가능케 한다는 것……. 얼마나 멋진 일들입니까.

정경해 씨는 1995년에 인천 문단에서 활동을 개시, 10년 뒤에 『문학나무』 신인상을 받으며 재등단한 시인입니다. 인천의 '내항문학' 동인이며 학산문화원 강사를 역임한 바 있고 지금은 주안도서관에서 강사로 있습니다. 아울러 출판편집회사 진

원디자인프린텍의 편집실장을 맡고 있습니다. 이런 이력보다 더욱 중요한 것은 10년 넘게 시인으로 살아오고 있다는 사실입니다. 첫 시집을 묶어내기 위해 원고뭉치를 들고 왔을 때 사제의 인연을 말하면서 해설 쓰기를 사양했지만 시집에 화룡점정이 필요하다고 한사코 부탁하여 펜을 들었습니다. 시집은 「시작詩作」이란 시에서 시작합니다.

세상의 등 너머가 궁금해서
핏발을 세운 채 잠을 이룰 수 없었던 나날들
밤마다 퍼즐처럼 시간을 기워가며
나팔 소리를 꿈꾸었지만
부지런한 마라토너가 끊어버린 테이프 뒤로
이 빠진 안테나 툭 떨어지고
붉은 해보다 일찍 잠이 깬 조간신문 위에서
문학공모 당선자 배턴을 치켜들고 하얀 이를 반짝였다
기다림은 그렇게 저물어 가고
온몸은 절망이라는 화농으로 깊게 패었지만
나는 다시 시작을 준비하고 있다

시단에 나가기와 시 쓰기의 어려움을 절절히 노래한 시입니다. 정경해 씨의 "온몸은 절망이라는 화농으로 깊게 패었지만" 다시 시작을 준비한다고 했습니다. 이 정도의 당찬 각오 없이 어찌 시인이 될 수 있을 것이며 시집을 낼 수 있겠습니까. 서슬 푸른 결심이 어려 있는 시를 제일 시집 앞머리에 내세운 이유는 늦깎이로 등단해 느지막이 시집을 내게 되었지만 각오 하나만은 만만치 않다고 만천하에 알리고자 해서가 아니겠습니까. 제1부의 시는 주로 이웃사람들의 삶을 꼼꼼히 관찰하고 쓴 관찰기록부가 아닌가 싶습니다.

> 달리는 버스 안, 코미디 황제 이주일의 죽음을 아나운서 삼투압 정수기 목소리로 낭송한다. 한 세상을 웃음 속에서 유영했으니 행복한 삶이었다. 잘 가라. 반지하 막사 전세금을 올려달라던 주인의 붉은 웃음이 유리창에 고지서로 매달린다. 가판대 위 270억이라는 고딕 글자체 밑 당당한 모습의 노인 하나 앉아 있다. 빈손으로 떠난 위대함보다 끝자리 두어 개면 몇몇에게 주먹웃음을 줄 수 있음에 아쉽다.
>
> —「어떤 하루」 부분

화자는 버스를 타고 가다가 코미디언 이주일의 부음을 듣고, 곧바로 창 밖 신문 가판대에서 270억이라는 고딕 글자체를 봅니다. 웬 노인이 전 재산을 어떤 단체에 희사한 것인데, 이주일이 빈손으로 떠났더라면 몇몇에게 '주먹웃음'을 줄 수 있었으리라는 생각을 해봅니다. 이웃사람들의 삶의 모습에 대한 관찰은 등단작의 하나로 기억되는 「퀵서비스맨 5층까지 달리다」에 더욱 잘 나타나 있습니다. 인쇄물을 가슴에 안고 계단을 올라가는 퀵서비스맨의 눈에 들어온 간판이 굵은 글자로 나와 있고 그 아래에는 시인의 의식세계가 펼쳐집니다. 현실 반영에 그치지 않고 적절히 풍자를 하면서 재미있게 진행되는 시입니다.

노숙자들의 삶을 실감나게 그린 「낙엽」, 지하철을 무대로 구걸을 하는 이를 그린 「선로 위 라이브 가수」, 이웃이 '사촌'이 아니라 '남남'으로 살아가는 서울 사람들을 그린 「서울 아파트」 등도 우리 시대 삶의 풍속도라고 할 수 있을 것입니다. 완성도가 높은 시 가운데 한 편일 「선로 위 라이브 가수」를 잠시 볼까요.

금방이라도 선로 위로 뛰어내릴 것 같은 목소리로
광막한 황야를 달리는 인생*을 노래하며
그가 내민 바구니에는
하품에 절은 동전 몇 개가
그가 달릴 황야가 끝나지 않았음을 말하며
반쯤 감긴 눈으로 누워 있다

드문드문 감자알 같은 관객들이
종착지인 인천역을 뒤로 한 채 어딘가를 향해 떠나자
라이브 가수 마지막 공연을 접고
우두커니 서서 하늘을 바라본다

*윤심덕의 '사의 찬미' 가사 일부분.

—「선로 위 라이브 가수」 3~4연

시인은 노래를 부르며 구걸 행각에 나선 '라이브 가수'가 관

중의 외면을 받는 것이 너무 안타깝습니다. 이웃, 그것도 소외 계층에 대한 따뜻한 시선이 이 시집을 지탱하는 힘이 되지 않겠는가, 생각합니다. 같은 시대를 살아가는 우리가 정을 나누지 않는 데 대한 안타까움은 「귀가」 「창문을 열면 방이 넓어질까요?」 「새들이 그곳에 가는 이유」 「하루 또 하루」 같은 시에 잘 나타나 있습니다. 제목 자체를 '이웃'으로 한 시를 봅니다.

> 남들은 한 번도 안 보여주는 뱃속을
> 속없이 다섯 번씩 보여주었는데
> 뒤돌아보는 이 없어
> 더 이상 확인시킬 것도 없는 나는
> 낮달 같은 얼굴로 누워
> 베란다에서 들려오는
> 가느다란 신음소리를 듣는다
>
> 가버린 줄 알았는데
> 아직도 내 집 한 귀퉁이에서
> 머뭇머뭇 떨며 창을 들여다보던 가을 때문에
> 낙엽을 쓸며 화분을 매만지며
> 존재 확인은 내가 아닌 다른 이의
> 몫임을 깨닫는다
>
> —「이웃」 3, 4연

화자는 말합니다. 남들은 한 번도 드러내지 않는 뱃속을 나는 속없이 다섯 번씩 보여주었노라고. 그렇지만 뒤돌아보는 이 없어, 더 이상 확인시킬 것도 없어서 나는 "낮달 같은 얼굴로 누워" 베란다에서 들려오는 가느다란 신음소리를 듣습니다. 그 신음소리는 가을이 낸 것이었습니다. 화자는 낙엽을 쓸며 화분을 매만지며 그것에 대한 '존재 확인'은 내가 아닌 다른 이의 몫임을 깨닫습니다. 도시라는 공간에서 사는 한 이웃과의 유대나 교분이 쉽지 않음을 고백하고 있는 것이겠지요. 하지만 시인은 이웃에 대한 관심만은 거둬들이질 않는데, 이런 시를 보면 알 수 있습니다.

그가 입을 벌릴 때마다
미주알고주알 지구촌 소식을
뱉어낸다

가끔은
송림동 산동네 소식을 전하다가
울컥 눈물을 쏟느라
멈추기도 하지만

손씨가 다정스레
기름걸레 세수를 시켜 주면
언제 그랬냐는 듯
소리치며 수다를 떤다

—「구월동 인쇄소」 4~6연

구월동 인쇄소의 손씨는 말도 많지만 정도 많은 사람입니다. 시인은 늙은 손씨와 낡은 인쇄기계의 교감에 대해 따뜻한 시선을 보내면서 이 둘을 감싸안습니다. 시인은 껌 씹기를 즐기는 이웃에 대해 못마땅한 시선을 보내기도 하고(「김ㅇㅇ 씨의 취미생활」), 외투 입기를 즐기는 이웃에 대해 의심의 눈길을 보내기도 합니다(「외투」). 제3공화국 때나 제5공화국 때 시국사범으로 끌려가는 학생을 텔레비전 화면을 통해 보면서 측은지심에 사로잡히기도 하지요(「끌려가는 학생 K에게」). 사람 사이 의사소통의 수단인 말이 오해를 낳고, 칭찬을 받게 하고, 소문을 불러일으키고, 상처를 남기는 데 대해서도 시를 써봅니다. 아무튼 제1부의 시는 대체로, 이웃에 대한 시인의 관심이 편편의 시로 형상화된 것이 아닌가 여겨집니다.

제2부의 시도 이웃에 대한 관심의 연장선상에서 씌어진 것들입니다. 주로 어디론가 가서 보고 듣고 느낀 것을 시로 쓰는데, 일종의 여행시라고 할 수 있을까요? 인천에 사는 시인이니만큼 자유공원에 갔다와서 쓴 시는 여행시로 보기 어렵겠지만 말입니다.

힐끗힐끗 포장마차 앞을 스치는 등 뒤로
노인 하나 일갈한다
"젊은 놈이 대낮에……"
가슴에 큰 파도가 일렁이며 한기가 스민다
욱신거리는 등
꽉 쥔 주먹 사이로 땀이 흘러내린다

언제부터인가, 자유공원을 오르는 것이

―「자유공원에서」 3연

이 시는 시인의 체험담이 아닌가 싶은데, 자유공원에 갔다가 노인네가 내뱉는 분노의 외침 때문에 자유공원에 오는 것이 전혀 자유스럽지 못합니다. 고약한 인심입니다. 시인은 13번 종점, 산동네 어귀에 이르기까지 "말없음표를 한 점 한 점 찍으며" 걸어간 적도 있었던 듯하고, 폐차장 공터에서 폐차가 구부정한 어깨를 늘어뜨린 채 먼 산을 바라보는 것을 유심히 관찰하기도 합니다.

시인은 이제 차를 몰고 좀 멀리 여행을 떠나기로 합니다. 가는 곳곳에 감시카메라가 나타나 눈알을 굴리기도 하고 핏발선 눈으로 곁눈질하기도 합니다. 그래서 "난 브레이크를 밟지 않겠다"고 외칩니다. 강원도에 갔더니 눈꼴 신 광경을 보게 됩니다.

스물네 시간 풍차처럼 돌아가는//
모텔 네온사인//
초침이 움직일 때마다//
산통이 오고//
바닷물에 출렁대는 바가지에//
오물이 가득하다//
발 디딜 곳 없는 강원도

―「강원도의 힘」 후반부

제목 '강원도의 힘'은 역설입니다. 경치 좋은 강원도가 지금은 모텔 네온사인과 '산통'과 '오물'의 강원도, "발 디딜 곳 없는 강원도"가 되고 말았다고 합니다. 시간의 힘은 뽕나무밭을 푸른 바다로 만든다고 하지 않습니까. 세월이 가져다준 슬픔이 이 시를 쓰게 했습니다. 소래 포구도 예전 같지 않고 탄광지대 태백은 폐광이 된 지 오래입니다. 철암리에 가보았더니 "잠든 굴뚝은 더 이상 하품을 하지 않았고//이끼 낀 침묵만이 틈새를 오가고 있었(「떠난 자리」)습니다.

밤이면 활짝 핀 꽃처럼 눈빛을 깜박거리던//
불나비 다방 계단에는 아직 못 다한 말들이//
먼지와 함께 굴러다닐 뿐//
빨간 립스틱 점박이 미스 박도//
짧은 치마 속을 더듬던 까만 눈의 광부 박씨도//
스러져가는 철암리는 기억하지 않았다

—「떠난 자리」 후반부

시인은 금석지감에 사로잡혀 사라져버린 것들을 아쉬워하고 있습니다. 금방금방 바뀌는 세상이 못내 안타까운 것입니다. 외포리에 갔더니 그녀(바다)의 체취는 어디에도 없고 "이제 손을 놓으라 말하며 돌아서고" 맙니다. 자연을 부자연스럽게 만드는 문명이 영 못마땅한 것인데, 그렇다고 해서 시인이 어떤 결단을 내리지는 않습니다. "스러져가는" 것들에 대한 연민의 정을 밝힐 따름이지요. 시인의 봄 풍경 구경인 「벚꽃나무」와 「봄, 링거를 맞다」는 독자의 판단에 맡기기로 하겠습니다.

시인은 「아날로그 Ⅰ」「아날로그 Ⅱ」에서도 디지털 시대의 변화무쌍함보다는 아날로그 시대의 불편함을 훨씬 선호한다고 고백합니다. 물론 그때는 그것이 불편한 것도 몰랐겠지만 말입니다.

> 사발에 떠다 놓은 물이 또 얼었다. 짓누르는 솜이불 무게 아랑곳없이 돋아나는 소름들. 14인치 흑백텔레비전 위에 원앙 한 쌍 시린 듯 날개 여민다. 지금 둘이서 할 수 있는 유일한 부싯돌 놀이. 일어나는 스파크. 잠시 틀었다 잠근 온수 같은 열기. 그러나 이내 사라지고 다시 흐르는 냉기. 창 밖 전봇대의 전선 오한을 앓고 실신한 연탄 깨어날 줄 모른다.
>
> —「아날로그 Ⅰ」 전문

> 비닐 장판 위에 신문 광고 종이자락 뒹군다. 고딕체로 쓴 〈사원모집〉 눈길 따가운 듯 돌아눕는다. 눈곱 낀 전구 시선 떨구고 구들장 싸늘한 웃음 흘린다. 그가 들어선다. 새끼줄에 입질한 연탄 한 장이 뱅글뱅글 돌고 있다. 마주친 두 눈 덩달아 소용돌이친다. 겨울 한 자락 눈을 내려 깐다 서울 한복판을 유랑하던 신발 구석에 웅크려 앉아 하품을 한다.
>
> —「아날로그 Ⅱ」 전문

지금도 연탄으로 난방하는 집이 없지는 않지만 적어도 80년

대 중반까지는 서민들이라면 너나없이 연탄으로 겨울나기를 했었습니다. 두 편 시는 그때는 특별히 가난할 것도 없는 어느 집안의 겨울 모습입니다. 이런 아날로그적인 모습에 향수를 느끼는 시인은 영락없이 (좋은 뜻에서의) 보수주의자입니다. 이런 추운 날 시인 일가는 20인치짜리 텔레비전을 보며 오들오들 떱니다.

제3부에서는 시인의 부모 형제, 친지 등으로 시적 대상이 좁혀집니다. 자신의 투병기가 펼쳐지기도 합니다.

아프간의 겨울이 덥다
모래바람 벌판에 불꽃놀이가 시작된다
화상을 입은 나뭇잎들이 쓰러져 눕는다

월 13만 원에 대여한 우리 집 구들장은
체증에 걸린 아기 손처럼, 아니 산후 조리 못해
일 년 열두 달 수족증을 앓는 아내 모습으로 누워
등을 돌리고 있다

20인치짜리 그림상자에서
그녀가 나와 입을 쫑긋거린다
그녀의 동그란 입 속을 탐험하고 싶은 충동이
오늘도 예외 없이 일고
난…… 사타구니를 움켜쥐고 구들장의 등을 껴안는다

—「아프간의 겨울」 전반부

제목만 보면 멀고먼 아프가니스탄의 겨울을 배경으로 하고 있는 것 같지만 화자는 그곳의 사건을 텔레비전 뉴스를 보며 '구경' 하고 있을 뿐, 그녀와 나는 실은 추위에 오들오들 떨고 있습니다. 시 속의 그녀는 산후 조리를 못해 일 년 열두 달 수족증을 앓고 나는 그녀를 탐하고 싶어 "사타구니를 움켜쥐고 구들장의 등을 껴안"습니다. 시의 제5연은 두 사람이 몸으로 얼음송곳 구들장을 따끔따끔 불꽃이 피어오르게 하고 그러자 화상을 입은 나뭇잎들이 쓰러져 눕기까지 합니다. 체온으로 냉골인 방바닥을 따뜻하게 한 것이지요.

시인은 "쓸모없이 낡았다는 이유로 사전에 통보도 없이 내 집을 허물어 버렸"던 가장(아버지) 실업의 쓰라린 추억을 더듬어보기도 하고(「집」), 아이들을 버리는 비정한 부모가 있는 우리 시대의 비극을 연출해보기도 합니다(「빼꾸기 섬 아이들」). 힘든 세상살이의 과정에서 튼튼한 바람막이의 역할을 해준 어머니에 대한 찬가는 「혼자 있는 소리」 「어머니」 「안개 속으로 흐르는 강」 「거미줄」 「유년의 언덕」 「목격자를 찾습니다」 등 여러 편입니다. 이 가운데 한 편을 감상해보겠습니다.

> 지붕을 뚫고 내리는 빗물은 주먹 눈물이 되어 양은대야에 흘러 넘쳤고, 어머니는 마른걸레로 젖은 마음 훔치듯 방바닥을 두들겨댔지만 물먹은 빨래로 가난은 무겁게 누워있을 뿐. 우리들의 꺼진 배가 조금씩 솟을수록 우기에 곰팡이 피듯 마른버짐 번지던 어머니는 장대비 속에 먼 곳으로 마실을 가셨다.

묵향이 어두움의 등을 다독이는 시간, 콘크리트 외벽을 뚫을 듯 꽂히는 빗줄기를 보며 먹을 간다. 안개 속 저 강을 건너 어지러운 빗속을 걸어오실 어머니를 그린다.

顯妣孺人安東金氏神位

—「안개 속으로 흐르는 강」 후반부

어머니가 장대비를 뚫고 먼 곳으로 마실을 가신 이유는 "우리들의 꺼진 배" 때문이었습니다. 세월이 흘러 시인은 이제 "안개 속 저 강을 건너 어지러운 빗속을 걸어오실 어머니"를 그립니다. 하지만 「뻐꾸기 섬 아이들」에서 이미 말한 바 있지요. "배부른 지폐를 실은 배를 타고/활짝 웃는 엄마 뻐꾸기가/오실 날만을 기다리며/통증으로 뒤척이는 저 바다를 바라봅니다"라고. 부모자식 사이도 언젠가는 반드시 이별해야 하는 '회자정리'의 관계인 것이지요.

아버지에 대한 그리움을 노래한 시도 몇 편 됩니다. 아버지를 찾아온 저승사자를 맞아 "우리들은 그의 방문을 인정할 수 없음을 온몸으로 항변"했지만 죽음의 운명을 인력으로는 어찌할 수 없는 것, "아버지의 영혼이 떠나간 밥상 위에 숟가락을 품은 청국장이 긴 머리를 풀며 숨쉬고 있었"습니다(「방문객」).

송우리 천주교 묘지에 아버지를 묻고 와서 쓴 작품 「송우리」도 있습니다. 돌아가신 분에 대한 회고담보다 더욱 제 가슴을 친 시는 「둥지」였습니다.

아기 단풍잎 같던 막냇동생이
해마다 달팽이집을 이고 다니더니
네 식구 동글동글 굴러도 흔들리지 않는
붙박이장 같은 집을 마련했다며
집들이를 한단다

한솥밥 안에서
보글보글 키 재기하던 남매들
오랜만에 모여 가늘어진 막내 허리
안아주며 궁둥이를 투덕거리고
다른 동네 이야기에 신이 난 젓가락들
마냥 춤을 추는데

슬며시 일어나 이 방 저 방 기웃대며
축구해도 되겠다는 둘째 동생 한마디에
납덩이 같은 침묵이 거미처럼 다가와
이십 평 아파트의 숨통을 막는다

—「둥지」 1~3연

서민의 내 집 마련이 얼마나 힘든지 아는 사람이라면 이 시를 읽고 눈시울이 뜨거워질 것입니다. 막냇동생은 그나마 집 한 칸이라도 마련했다면서 집들이를 하는데 둘째 동생은 20평 아파트가 뭐가 넓다고 축구해도 되겠다고 부러워합니다. 그러자 어머니는 "애써 나무 껍데기 같은 웃음으로" 둘째를 위로합니다. 실로 눈물겨운 광경이 아닙니까. 세상 살아가면서 당하는 설움 중에 집 없는 설움만큼 큰 것이 있을까요.

시집의 종반부를 장식하고 있는 「지금 나는 투병 중」「37병동에서 온 편지」「수혈」「겨울 1966」「진료차트 1997~1998」 등은 아무래도 시인 자신의 투병 경험을 십분 살려서 쓴 시가 아닌가 여겨집니다. 그런데 병을 대하는 시인의 태도가 특이합니다. "아직 철이 덜 든 것일까. 혈액이 한 방울 한 방울 혈관을 타고들 때마다 세포가 낯설다고 통증을 호소하며 투정한다."(「수혈」)고 하거나, "용서하고 용서받는 시간"(「37병동에서 온 편지」), "꼭 버리고 싶고 버려야 하는 그것/욕심을 버리지 못하는 것"(「지금 나는 투병 중」) 하면서 자기 반성의 시간을 갖습니다. 병을 원망하거나 혐오하지 않고 겸허한 자세로 병을 대하는 시인의 자세가 저를 숙연하게 합니다. 또한 화자는 절망적인 투병 기간에도 희망을 잃지 않습니다. 예컨대 "제 기능을 잃고 쪼그라진 할머니 손 같은 위장은 점점 메말라 버석거리며 서로를 후벼파고 상처를 낸" 날에도 "나는 하늘을 날 수 있었다"고 말하고 있으니까요(「진료차트 1997~1998」).

자, 저는 지금까지 여러분에게 정경해 시인이 펴내는 첫 번째 시집의 원고를 읽으면서 생각나는 이모저모를 들려드렸습니다. 시단 경력 10년이 넘었지만 제가 보건대 정경해 시인은 아직도 신인입니다. 편편의 시에 설익음이 묻어나고 있습니다. 하지만 설익음이란 신선함의 다른 뜻입니다. 이 신선함을 계속

밀고 나가십시오. 앞으로도 계속해서 펜 끝을 벼리는 일을 게을리 하지 않는다면 이 땅의 소중한 시인이 될 수 있을 것입니다. 등단을 꿈꾸던 시절의 열정을 부디 잊지 말고 앞으로도 계속 시 쓰기에 정진하기를 바랍니다.

지금까지 제 글을 읽어주신 분들에게 감사를 드립니다.

문학의전당 시인선 39
선로 위 라이브 가수

초판인쇄 2007년 11월 25일
초판발행 2007년 11월 30일

지 은 이 정경해
펴 낸 이 김충규
펴 낸 곳 문학의전당
출판등록 제387-2003-00048호(2003년 9월 8일)

주 소 152-841 서울특별시 구로구 구로 6동 97-1 로얄프라자 206호
전화번호 02-852-1977
팩시밀리 02-852-1978
블 로 그 http://blog.naver.com/mhjd2003
전자우편 mhjd2003@naver.com

ISBN 978-89-91006-75-1 03810

* 이 책은 인천문화재단의 창작기금을 받았습니다.